русский язык!

Алексей, София и Тихомир

КОШКИН ДОМ

Издательский дом «Проф-Пресс»
Ростов-на-Дону
2010

ББК 84(2Рос=Рус)6
К76

10 сказок малышам

К76 Кошкин дом. – Ростов-на-Дону: Издательский дом «Проф-Пресс», 2010. – 128 с., цветн. илл. (серия «Читаем детям». «Читаем малышам»).

ББК 84(2Рос=Рус)6

© Издательский дом «Проф-Пресс», составление, оформление, 2009.

ISBN 978-5-378-01606-8

Тили-бом! Тили-бом!
Загорелся кошкин дом!
Загорелся кошкин дом,
Идёт дым столбом!

Кошка выскочила,
Глаза выпучила:
– Ой, спасите, потушите!

Бом-бом-бом!
Бежит курочка с ведром
Заливать кошкин дом.

Спешит уточка с ковшом,
А гусак – с котелком,

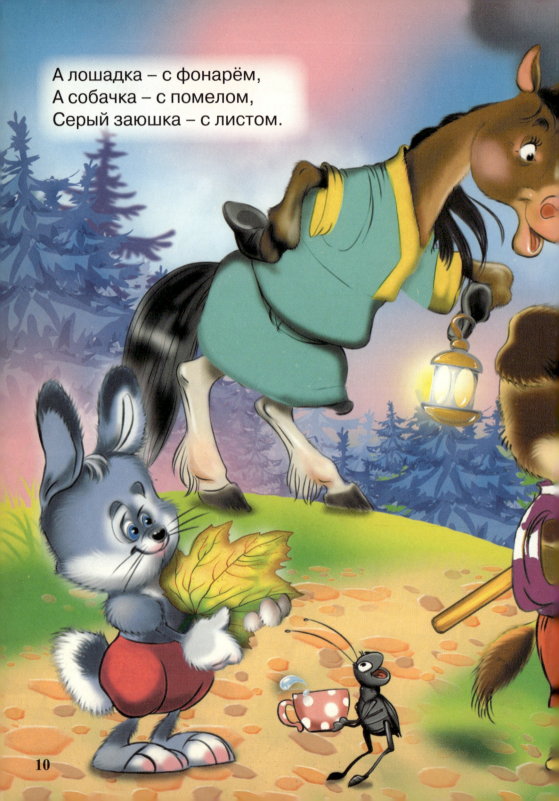

А лошадка – с фонарём,
А собачка – с помелом,
Серый заюшка – с листом.

Дружно враз!
Раз! Раз!
И огонь погас!

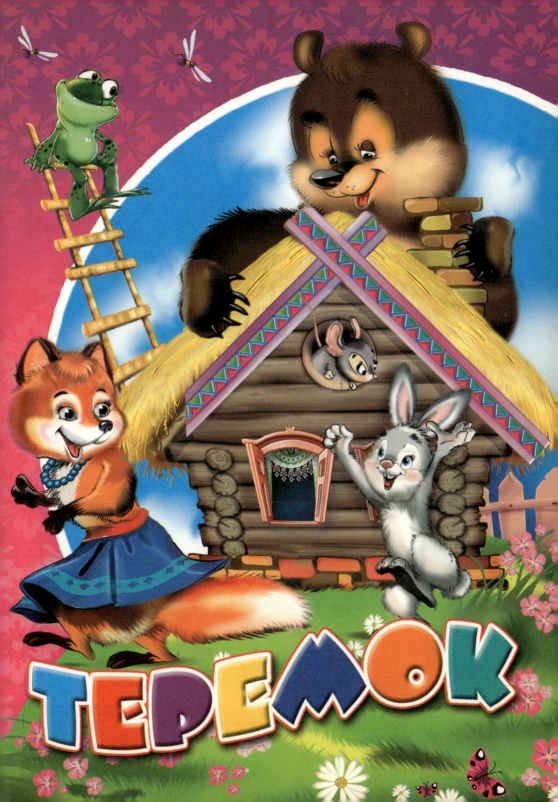

Стоял в поле теремок.
Прибежала мышка-норушка.
– Терем-теремок! Кто в тереме живёт?
Никто не отзывается.
Вот она вошла и стала в нём жить.

Прискакала лягушка-квакушка:
– Терем-теремок! Кто в тереме живёт?
– Я, мышка-норушка, а ты кто?
– А я – лягушка-квакушка.
– Ступай ко мне жить.
Стали жить вдвоём.

Прискакал зайка-поплутайка:
— Терем-теремок! Кто в тереме живёт?
— Мышка-норушка, лягушка-квакушка, а ты кто?

— А я — зайка-поплутайка.
— Ступай к нам жить.
Стало их трое.

Прибежала лисичка-сестричка:
— Терем-теремок! Кто в тереме живёт?
— Мышка-норушка, лягушка-квакушка, зайка-поплутайка, а ты кто?
— А я — лисичка-сестричка.
— Ступай к нам жить!
Стало их четверо жить.

Пришёл к терему медведь, стучится:
– Терем-теремок! Кто в тереме живёт?
– Мышка-норушка, лягушка-квакушка, зайка-поплутайка, лисичка-сестричка, а ты кто?
– А я – медведь-давиш. Лягу на теремок – всех вас раздавлю!
Испугались звери, да все из терема прочь!
А медведь-давиш сел сверху на теремок и раздавил его.

 Жили-были лиса да заяц. У лисы была избёнка ледяная, а у зайчика – лубяная.
 Пришла весна-красна. У лисы избёнка растаяла, а у зайчика стоит по-старому. Вот лиса и попросилась у него переночевать да его самого из избёнки-то и выгнала.

Идёт доро́гой зайчик и плачет.
Ему навстречу — собака:
— Тяф, тяф, тяф! Чего, зайчик, плачешь?
— Как мне не плакать? Была у меня избушка лубяная, а у лисы — ледяная. Попросилась она ко мне ночевать да меня и выгнала.

— Пойдём, я твоему горю помогу. Не плачь, зайчик.
Пришли к избушке.
— Тяф, тяф, тяф! Поди, лиса, вон! — залаяла собака.
А лиса им с печи:
— Как выскочу, как выпрыгну, пойдут клочки по закоулочкам.
Испугалась собака и убежала.

Идёт зайчик опять доро́гой и плачет.
Ему навстречу – медведь:
– О чём, зайчик, плачешь?
– Как не плакать?! Была у меня избушка лубяная, а у лисы – ледяная. Попросилась ко мне ночевать да меня и выгнала.
– Пойдём, я твоему горю помогу.

Подошли они к избушке. Медведь как закричит:
– Поди, лиса, вон!
А лиса им с печи:
– Как выпрыгну, как выскочу, пойдут клочки по закоулочкам!
Испугался медведь и убежал.

Опять сидит зайчик и плачет пуще прежнего. Ему навстречу – петух с косой:
— Ку-ка-ре-ку! О чём, зайчик, плачешь?
— Как мне не плакать? Была у меня избёнка лубяная, а у лисы – ледяная. Попросилась она ночевать да меня и выгнала.

— Пойдём, я твоему горю помогу.
— Нет, петух, не поможешь. И собака, и медведь гнали и не выгнали. И тебе не выгнать.
— Нет, выгоню! Пойдём!

Подошли они к избёнке. Петух лапами затопал, крыльями забил:

– Ку-ка-ре-ку! Иду на пятах, несу косу на плечах, хочу лису посе́чи. Слезай, лиса, с пе́чи, поди, лиса, вон!

Лиса услыхала, испугалась и говорит:

– Обуваюсь…

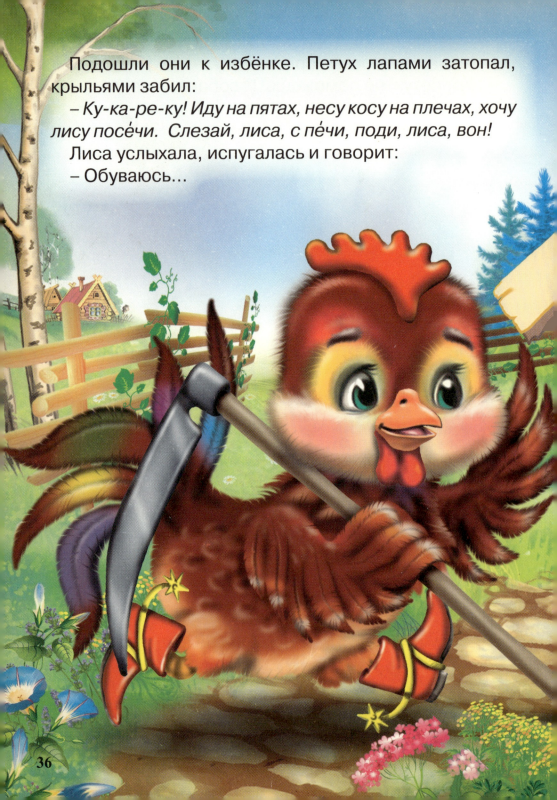

Петух опять:

— Ку-ка-ре-ку! Иду на пятах, несу косу на плечах. Хочу лису посе́чи. Слезай, лиса, с пе́чи, поди, лиса, вон!

Лиса в ужасе соскочила с печи, выпрыгнула в окошко и убежала в лес. А заюшка с петушком остались жить в избушке. Стали жить-поживать да горя не знать.

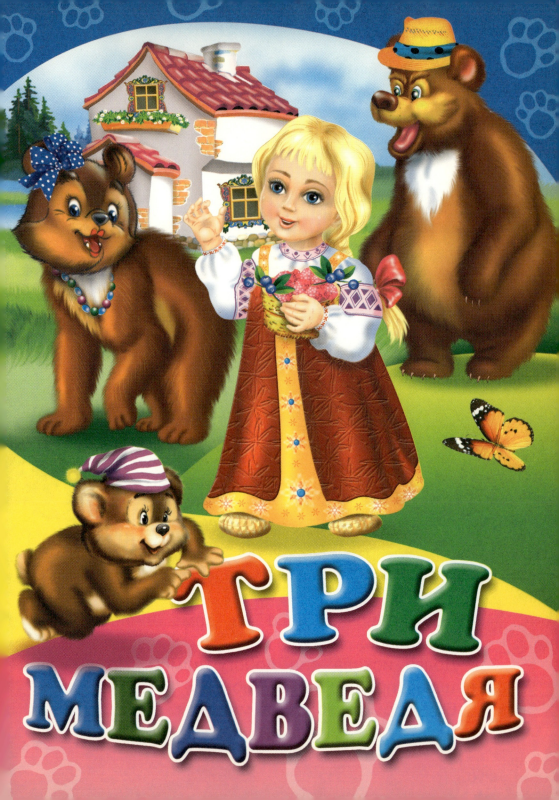

Одна девочка ушла из дома в лес и заблудилась.

Долго искала она дорогу домой. Но не нашла, а пришла в лесу к домику.

В том домике жили три медведя.

Отца-медведя звали Михайла Потапович, медведицу – Настасья Петровна, а маленького медвежонка – Мишутка.

Медведей дома не было – они ушли на прогулку.

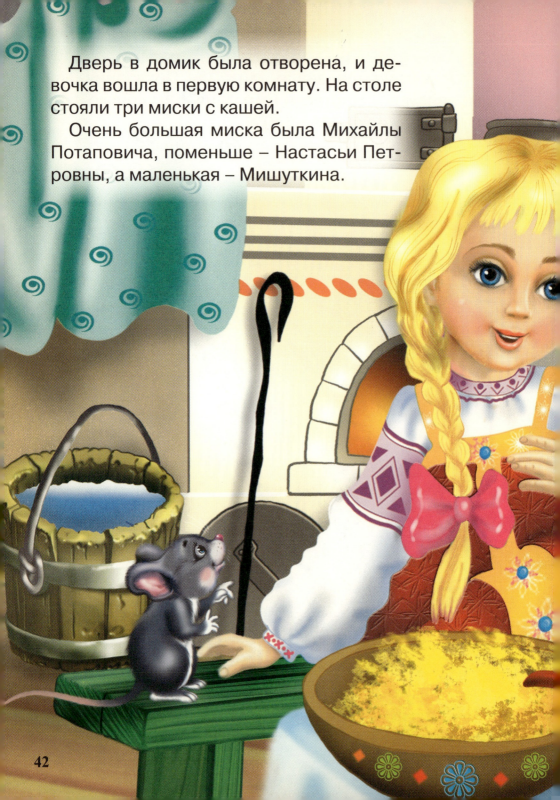

Дверь в домик была отворена, и девочка вошла в первую комнату. На столе стояли три миски с кашей.

Очень большая миска была Михайлы Потаповича, поменьше – Настасьи Петровны, а маленькая – Мишуткина.

Девочка попробовала кашу из всех мисок. И Мишуткина каша была вкуснее всех. Она съела её и пошла в другую комнату.

Там стояли три кровати.

В самой большой кровати, Михайлы Потаповича, было слишком просторно. В средней, Настасьи Петровны, – слишком высоко.

Мишуткина кровать пришлась ей как раз впору, и она в ней заснула.

Медведи пришли домой и захотели пообедать. Михайла Потапович заглянул в свою миску и заревел страшным голосом: «Кто ел из моей миски?» Настасья Петровна посмотрела в свою миску и зарычала: «Кто ел из моей миски?» Мишутка увидел пустую мисочку и запищал тонким голоском: «Кто съел мою кашу?»
Медведи пошли в другую комнату.

– Кто ложился в мою постель? – страшным голосом заревел Михайла Потапович.

– Кто ложился в мою постель и смял её? – зарычала Настасья Петровна.

А Мишутка увидел в своей кроватке девочку и завизжал: «Вот она! Держи! Держи!»

Девочка проснулась, увидела медведей и бросилась к окну. Она выскочила в окно и убежала, и медведи её не догнали.

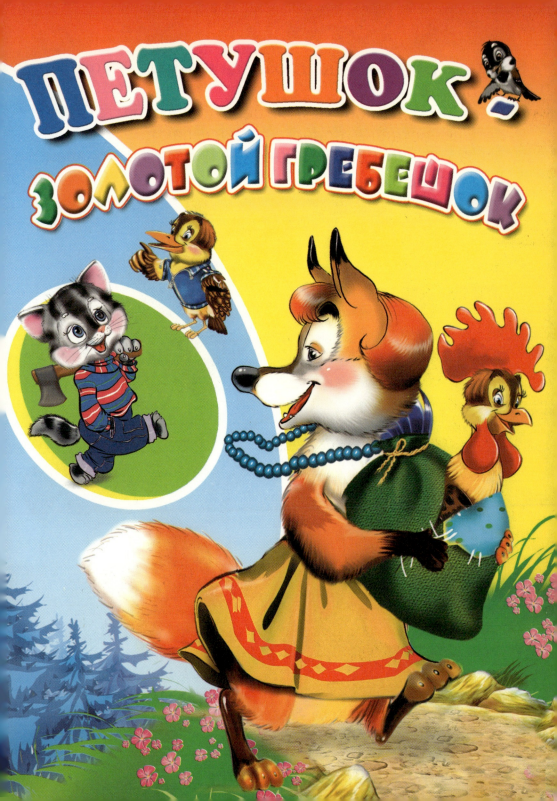

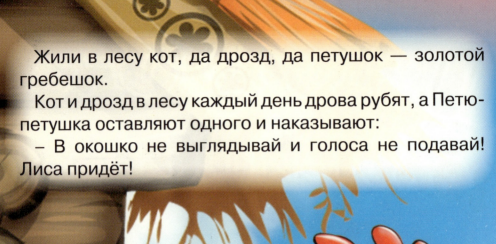

Жили в лесу кот, да дрозд, да петушок — золотой гребешок.

Кот и дрозд в лесу каждый день дрова рубят, а Петю-петушка оставляют одного и наказывают:

— В окошко не выглядывай и голоса не подавай! Лиса придёт!

А лиса узнала, что кот и дрозд на работу ушли. Села под окошко и запела:

– Петушок, петушок! Золотой гребешок! Маслена головушка, шёлкова бородушка. Выгляни, Петя, в окошко, дам тебе горошку!

Петушок и выглянул. Лиса хвать его и бежать. Закричал петушок:
— Несёт меня лиса за тёмные леса, за быстрые реки, за высокие горы... Кот и дрозд, спасите меня!

Кот и дрозд спасли петушка. На другой день ушли они, а лиса уже сидит под окошком и поёт:

— Бежали ребята, рассыпали пшеницу, курицы клюют, петухам не дают.

— Как не дают?! — выглянул в окошко петушок.

А лиса хвать его и побежала. Закричал петушок:

— ...Кот и дрозд, спасите меня!..

Опять спасли петушка друзья.

– Петя, не слушай лисы, не выглядывай в окошко, далеко уйдём – не услышим! – предостерегли петушка в очередной раз друзья. И ушли. А лиса уже тут:

– Люди бежали, насыпали орехов. Куры клюют, а петухам не дают, – манит лиса.

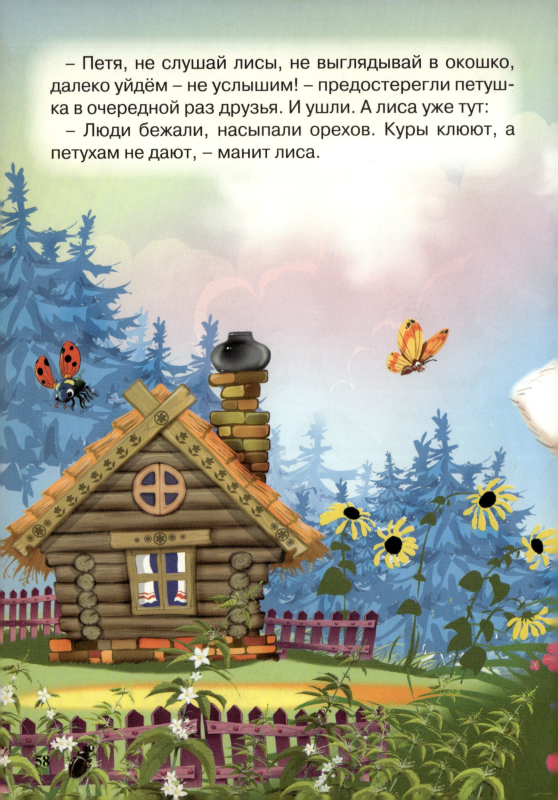

– Как – не дают? – не вытерпел Петя.
А лиса хвать его и побежала. Сколько ни кричал петушок – не услышали дрозд и кот.

Пришли домой, а Пети нет – и в погоню. Прибежали к лисьей избе. Кот поёт и на гусельках тренькает. Слушает лиса и думает: «Дай-ка, выгляну, посмотрю, кто там?»

А кот и дрозд схватили её и давай бить-колотить. Еле ноги унесла.

С тех пор Петя больше никогда не нарушал наказов кота и дрозда.

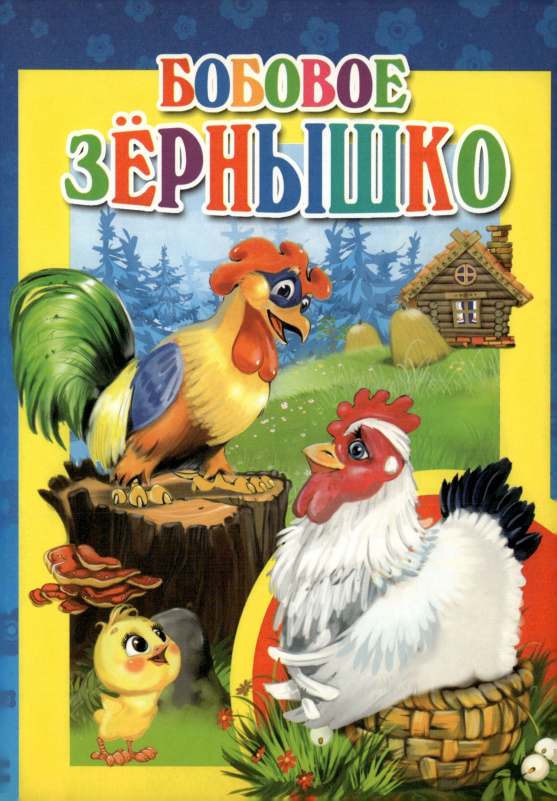

Жили-были петушок да курочка. Рылся петушок и вырыл бобок.

– Ко-ко-ко, курочка, ешь бобовое зёрнышко!

– Ко-ко-ко, петушок, ешь сам!

Съел петушок зёрнышко и подавился. Позвал курочку:

– Сходи, курочка к речке, попроси водицы напиться.

Побежала курочка к речке:
– Речка, речка, дай мне водицы: петушок подавился бобовым зёрнышком!
Речка говорит:
– Сходи к липке, попроси листок, тогда дам водицы.

Побежала курочка к липке:
– Липка, липка, дай мне листок! Отнесу листок речке, речка даст водицы петушку напиться: петушок подавился бобовым зёрнышком.
Липка говорит:
– Сходи к девушке, попроси нитку.

Побежала курочка к девушке:

– Девушка, девушка, дай нитку! Отнесу нитку липке, липка даст листок, отнесу листок речке, речка даст водицы петушку напиться: петушок подавился бобовым зёрнышком.

Девушка отвечает:

– Сходи к гребенщикам, попроси гребень, тогда дам нитку.

Курочка прибежала к гребенщикам:

— Гребенщики, гребенщики, дайте мне гребень! Отнесу гребень девушке, девушка даст нитку, отнесу нитку липке, липка даст листок, отнесу листок речке, речка даст водицы петушку напиться: петушок подавился бобовым зёрнышком.

Гребенщики говорят:

— Сходи к калашникам, пусть дадут нам калачей.

Побежала курочка к калашникам:

— Калашники, калашники, дайте калачей! Калачи отнесу гребенщикам, гребенщики дадут гребень, отнесу гребень девушке, девушка даст нитку, отнесу нитку липке, липка даст листок, отнесу листок речке, речка даст водицы петушку напиться: петушок подавился бобовым зёрнышком.

Калашники говорят:

— Сходи к дровосекам, пусть нам дров дадут.

Пошла курочка к дровосекам:
— Дровосеки, дровосеки, дайте дров! Отнесу дрова калашникам, калашники дадут калачей, калачи отнесу гребенщикам, гребенщики дадут гребень, отнесу гребень девушке, девушка даст нитку, отнесу нитку липке, липка даст листок, отнесу листок речке, речка даст водицы петушку напиться: петушок подавился бобовым зёрнышком.
Дровосеки дали курочке дров.

Отнесла курочка дрова калашникам, калашники дали ей калачей, калачи отдала гребенщикам, гребенщики дали ей гребень, отнесла гребень девушке, девушка дала ей нитку, нитку отнесла липке, липка дала листок, отнесла листок речке, речка дала водицы.

Петушок напился, и проскочило зёрнышко. Запел петушок:

– Ку-ка-ре-ку!

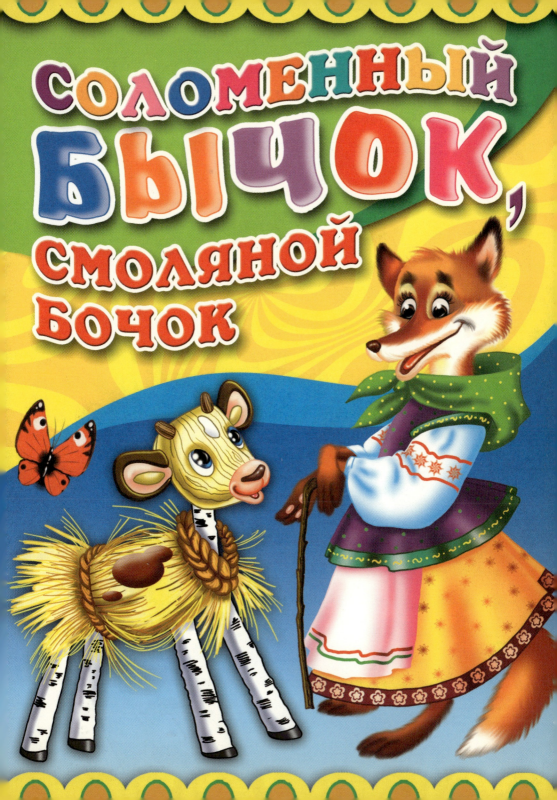

Жили-были дед да баба. Бедно они жили. Не было у них ни козочки, ни курочки. Вот и говорит баба деду:
– Сделай-ка, дед, мне соломенного бычка и осмоли.

– Зачем тебе такой бычок? – удивился дед.
– Сделай, я знаю зачем.
Дед сделал из соломы бычка и осмолил его.

Наутро выгнала баба бычка на лужок пастись. Тут из леса медведь выходит. Увидел бычка:

– Ты кто такой?

– Я – соломенный бычок, смоляной бочок.

– Коли ты смоляной, дай мне соломы – ободранный бок залатать.

– Бери! – говорит бычок.

Медведь хвать его за бок – да и прилип, никак лапу отодрать не может. А баба тем временем посмотрела в окно и к деду:

– Дед, а бычок-то нам медведя поймал.

Выскочил дед, оттащил медведя и бросил его в погреб.

На другой день выгнала баба опять бычка на лужок пастись, а сама домой ушла. Тут выскакивает из леса серый волк. Увидел волк бычка и спрашивает:

– Кто ты такой? Сказывай!

– Я – соломенный бычок, смоляной бочок.

– Коли ты смоляной, дай мне смолы – бок засмолить, а то собаки ободрали.

Хотел волк смолы отодрать – да и прилип. А баба в окно выглянула и видит, что бычок волка тащит. Скорей сказала деду. А дед и волка в погреб посадил.

На следующий день баба снова отвела бычка пастись. На этот раз лисичка к бычку прибежала.
— Кто ты такой? — спрашивает лисичка бычка.
— Я — соломенный бычок, смоляной бочок.
— Дай мне соломы немножко, бычок, к боку приложить, а то собаки чуть с меня шкуру не сняли.
— Бери!
Прилипла и лиса. Дед и лису в погреб определил. А на следующий день также и зайчика поймали.

Вот сел дед у погреба и стал нож точить. А звери его и спрашивают:
— Дед, зачем нож точишь?
— Шкуру с вас сниму — из медвежьей полушубки, а из волчьей шапки сошью. Из лисьей шкуры воротник сделаю, а из заячьей — рукавички.
— Не губи, дед, а мы тебе мёду принесём, овец пригоним да гусей.

– А я тебе бус, тесёмок принесу, – говорит зайчик, – отпусти на волю!

Отпустил дед зверей.

Вот на следующее утро, чуть свет, кто-то стучится к ним. Дед выглянул – а это медведь целый улей мёду принёс. Взял дед мёд, только прилёг, а в дверь снова: тук-тук! Вышел дед – а это волк овец пригнал. Скоро и лисичка кур, гусей да всякой птицы принесла.

А зайчик-то натащил и бус, и серёжек, и тесёмок.

То-то рады и дед, и баба. Зажили они с той поры хорошо.

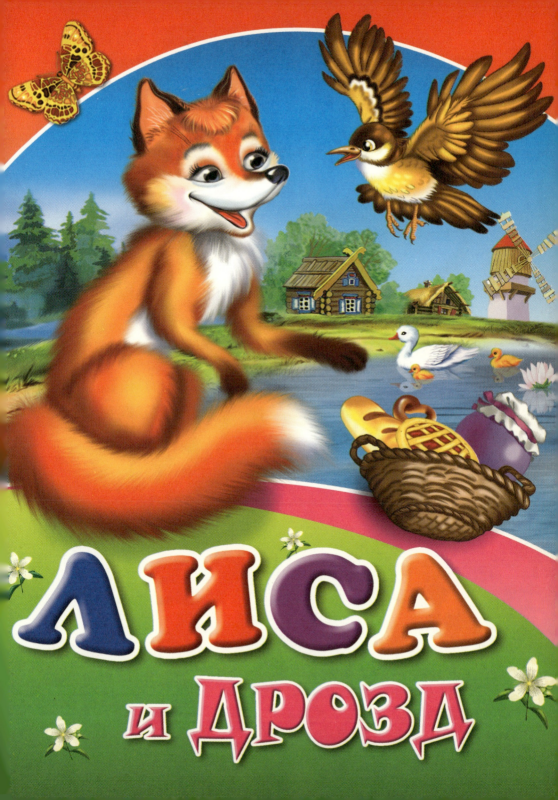

Дрозд на дереве гнёздышко свил, яички снёс, вывел птенчиков. Узнала про это лисица. Прибежала – и тук-тук хвостом по дереву.

Выглянул дрозд из гнезда, а лиса ему:
– Дерево хвостом подсеку, тебя и детей твоих съем!

Дрозд испугался и стал лису просить:
— Лисонька-матушка, не руби дерева, не губи детушек. Я тебя пирогами и мёдом угощу.
— Накормишь — не буду дерева рубить.
— Вот пойдём со мной на большую дорогу.

И отправились лиса и дрозд на большую дорогу.

Увидел дрозд, что идёт старуха с внучкой, несут корзину пирогов и кувшин мёду.

Лисица спряталась, а дрозд сел на дорогу и побежал, будто лететь не может: взлетит и сядет, взлетит и сядет.

Внучка и говорит бабушке.

– Давай поймаем эту птичку! У неё, видать, крыло перебито. Уж больно красивая птичка!

Поставили они корзину да кувшин на землю и побежали за дроздом.

Отвёл их дрозд подальше от корзины и мёда. А лисица не зевала: наелась вволю да ещё в запас припрятала. Взвился дрозд и улетел в своё гнездо.

А лиса тут как тут – тук-тук хвостом по дереву:
– Дерево хвостом подсеку, тебя съем и детей твоих съем!
Дрозд высунулся и ну лисицу молить:
– Лисонька, не губи! Я тебя пивом напою.
– Ну, пойдём скорей! Я жирного да сладкого наелась, мне пить хочется!
Полетел опять дрозд на дорогу, а лисица вслед бежит.

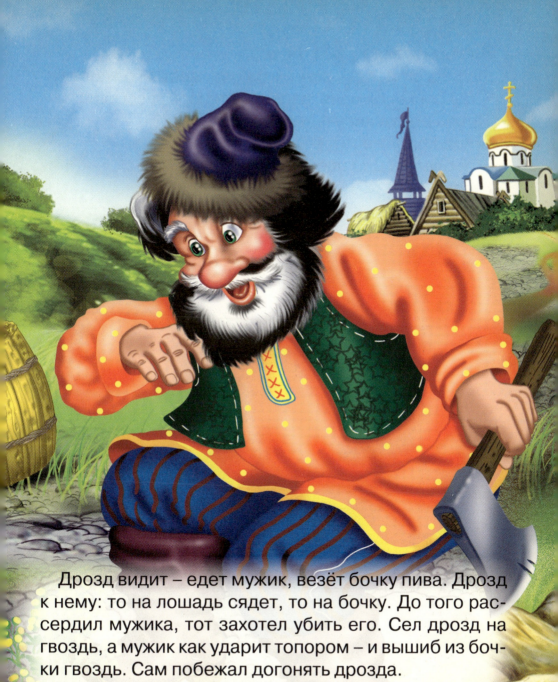

Дрозд видит – едет мужик, везёт бочку пива. Дрозд к нему: то на лошадь сядет, то на бочку. До того рассердил мужика, тот захотел убить его. Сел дрозд на гвоздь, а мужик как ударит топором – и вышиб из бочки гвоздь. Сам побежал догонять дрозда.

А пиво из бочки на дорогу льётся. Лиса напилась, сколько хотела, пошла, песни запела.

Улетел дрозд в своё гнездо.
Лисица опять тут как тут – тук-тук хвостом по дереву:
– Накормил ты меня, напоил, а теперь рассмеши.
Повёл дрозд лису в деревню. Видит – старуха корову доит, а рядом старик лапти плетёт. Дрозд сел старухе на плечо.

Старик и говорит:

– Старуха, ну-ка не шевелись, я убью дрозда! – И ударил старуху по плечу, а в дрозда не попал. Старуха упала, подойник с молоком опрокинула.

Долго смеялась лисица.
Не успел дрозд детей накормить, лисица опять тут:
— Дрозд, а дрозд, накормил ты меня, напоил, рассмешил, а теперь напугай меня!
Рассердился дрозд и говорит:
— Закрой глаза, беги за мной!
Полетел дрозд, летит — покрикивает, а лисица бежит за ним — глаз не открывает.
Привёл дрозд лису прямо на охотников.
— Ну, теперь, лиса, пугайся!

Лиса открыла глаза, увидела собак и – наутёк. А собаки – за ней. Едва добралась до своей норы. Залезла в неё, отдышалась и начала спрашивать, что делали глазки, ушки, ножки, хвостище.

– Мы, глазки, смотрели, чтобы собаки лисоньку не съели, а мы, ушки, слушали, чтобы собаки тебя не скушали. Мы, ножки, бежали, чтобы собаки не поймали. А я, хвостище, по пням, по кустам цеплял да тебе бежать мешал.

Рассердилась лиса и высунула хвост из норы:

– Нате, собаки, ешьте мой хвост!

Собаки ухватили лису за хвост и вытащили её из норы.

На лесной опушке в тёпленькой избушке жили-были три братца: воробей крылатый, мышонок мохнатый да блин масленый.

Жили они, поживали, друг друга не обижали. Каждый свою работу делал, другому помогал. Воробей еду приносил, мышонок дрова рубил, а блин щи да кашу варил.

Бывало сядут друзья за стол – не нахвалятся. Воробей говорит:

– Эх, щи так щи, до чего хороши да жирны!

А блин ему в ответ:

– А я, блин масленый, окунусь в горшок да вылезу – вот щи и жирные.

А следом мышь говорит:
— А я дров навезу, мелко нагрызу, в печь набросаю — хорошо в печке огонь горит, хорошо каша варится!
— Да и я, — говорит воробей, — не промах: соберу грибов, натащу бобов — вот вы и сыты!

Так они и жили, друг друга хвалили да себя не обижали.

Только раз призадумался воробей. «Я, – думает, – больше них работаю, целый день по лесу летаю, ножки бью, крылышки треплю, с утра до вечера на охоте – на тяжёлой работе. Не бывать больше этому!»

На другой день блин пошёл на охоту, воробей – дрова рубить, а мышонок – обед варить.

Вот катится блин по дорожке, а из кустов лиса – как прыгнет да хвать блина за масленый бок.

Блин бился, бился – еле вырвался: бок в зубах лисьих оставил, домой прибежал.

А дома-то что делается! Стала мышка щи варить: чего ни положит, чего ни прибавит, а щи всё не хороши, не жирны, не маслены! Вспомнила мышка, как блин щи варил, да кинулась в горшок. Обварилась, ошпарилась, еле выскочила!

Села на лавку да слёзы льёт.

А воробей дрова возил: навозил, натаскал да давай клевать, на мелкие щепки ломать. Клевал, клевал, клюв на сторону своротил. Сел на завалинку, слёзы льёт.

Прибежал блин домой, видит: сидит воробей на завалинке – клюв на сторону, плачет, а в избе мышка сидит на лавке, шубка у неё повылезла, хвостик дрожмя дрожит.

Вот блин и говорит:
— Так всегда бывает, когда один на другого кивает, своё дело делать не хочет.
Тут воробей от стыда под лавку забился.

Ну, делать нечего, поплакали, погоревали и стали снова жить по-старому. Принялся каждый за своё дело: воробей еду приносит, мышь дрова рубит, а блин щи варит.

И восстановился в доме лад и порядок.

Дочь и падчерица

Жили старик и старуха, и была у них дочь. Старуха померла, а старик погоревал да и женился на вдовице. А у той своя дочка была. Невзлюбила она старикову дочь, отдыху старику не давала:
— Вези свою дочь в лес, в землянку, пусть там прядёт.
Свёз старик свою дочку в лес, дал ей мешочек круп.

Пришла ночь. Затопила девица печь, кашу сварила, откуда ни возьмись, мышка:
— Девица, дай кашки!
— Ой, мышенька, да я тебя досыта накормлю!
Наелась мышка и ушла. Вломился медведь в землянку.

– Ну, девица, туши огни, давай в жмурки играть.
Мышка забралась на плечо девушке и шепчет:
– Не бойся! Потуши огонь и под печь полезай, а я буду бегать и в колокольчик звенеть.

Гоняется медведь за мышкою – не поймает. Стал реветь да поленьями бросать, ни разу не попал, устал:
– Мастерица ты, девица, в жмурки играть! За то пришлю тебе утром стадо коней и воз серебра.

Наутро поехал старик проведать дочь, а баба радуется, – падчерицыны кости привезёт. А тут во двор кони вбежали, а старик с дочкой на возу сидят: полон воз серебра! Да ещё и табун лошадей!

– Экая важность! – кричит злая мачеха. – Отвези-ка мою дочь. Она два стада пригонит и два воза серебра притащит.

Повёз старик бабину дочь в лес, в землянку. Дал и ей круп.

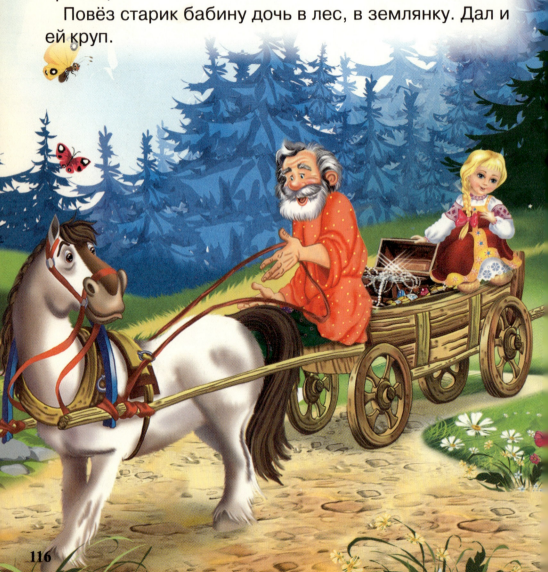

Вечером заварила она кашу и сидит ест. Прибежала мышка, попросила кашки, а жадная девица бросила в неё ложкой.

Мышка убежала, а Наташка доела кашу, огни задула и спать повалилась.

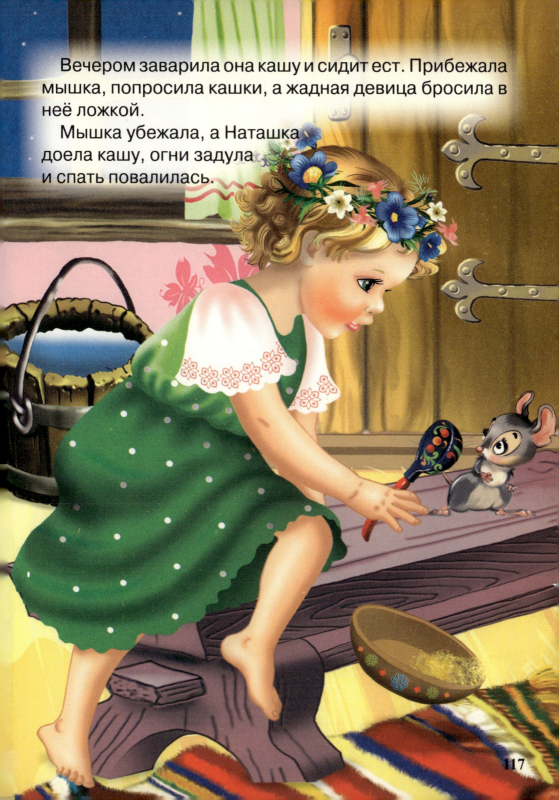

Пришла полночь, вломился медведь:
– Эй, девица! Давай в жмурки играть! Вот тебе колокольчик.

Девица от страха дрожмя дрожит, зубами дробь выбивает, колокольчик в руке от этого звенит, не переставая.

Стал медведь ловить бабину дочку да так сразу и поймал. А как поймал – съел.

Наутро едет старик в лес за бабиной дочкой, а баба осталась за воротами ждать. Тут собачка прибежала:

– Тяф-тяф! Старик на пустом возу сидит, а в возу кости гремят!

— Ах ты, мерзкая! Моя дочь домой едет. На блин да говори: бабина дочь в злате, серебре едет, а стариковой женихи не возьмут!

Собачка блин съела и залаяла:

— Тяф-тяф! Старикову замуж возьмут, а бабиной косточки везут!

Заскрипели ворота, глянула старуха и упала замертво. А старикову дочку добрый молодец вскоре замуж взял.

Содержание

Кошкин дом
3

Теремок
15

Заюшкина избушка
27

Три медведя
39

Петушок – золотой гребешок
51

Бобовое зёрнышко
63

Соломенный бычок, смоляной бочок
75

Лиса и дрозд
87

Крылатый, мохнатый да масленый
99

Дочь и падчерица
111

Серия «Читаем детям»
«Читаем малышам»

КОШКИН ДОМ

Дизайн обложки
ООО «Форпост»
*
Редактор
Т. Рашина
*
Вёрстка
В. Иващенко
*
Корректор
В. Гетцель

Использованы иллюстрации Егоровой И., при содействии дизайнерской группы «Форпост»

Для чтения родителями детям
Подписано в печать 19.03.2010. Формат 70х90/16.
Бумага офсетная № 1. Печать офсетная. Гарнитура «Школьная».
Усл. печ. л. 4. Заказ № 1672. Тираж 10 000 экз.
Общероссийский классификатор продукции ОК-005-93 (ОКП) 953000.
Книги и брошюры.
Санитарно-эпидемиологическое заключение
№ 61.РЦ.10.953.П.007351.12.07 от 21.12.2007 г.
Торговое представительство:
г. Ростов-на-Дону: (863) 230-40-21, факс: 230-40-23. E-mail: book@prof-press.ru
Украина, Донецк: (0622) 58-17-97. E-mail: ppress@ukrpost.ua

Издательский дом «Проф-Пресс»,
344019, г. Ростов-на-Дону,
а/я 5782, редакция.
www.prof-press.ru

Отпечатано в ООО «Издательский дом «Проф-Пресс»,
344065, Ростов-на-Дону, ул. Орская, 12В;
тел.: (863) 230-42-02.

Издания в интегральной обложке

- ✓ Интегральная обложка
- ✓ Матовая ламинация
- ✓ Выборочная УФ-лакировка с глиттером

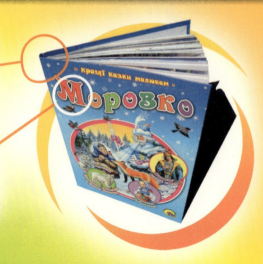

Полные юмора и глубокой народной мудрости сказки – исключительное средство для воспитания детей.

Формат: 160х220, офсет, 64 стр., интегральная обл.

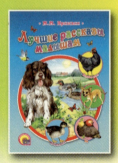

Более 50 видов в серии

  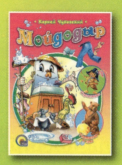 

Собери всю серию лучших сказок!